AF247821

CE QU'ILS ONT FAIT

> Certains hommes donnent la préférence
> à la constitution républicaine, non parce
> que leurs concitoyens seront plus libres,
> mais parce que eux s'y croient tous faits à
> y devenir maîtres.
>
> VOLTAIRE.

ÉPINAL

V. COLLOT, IMPRIMEUR

1882

CE QU'ILS ONT FAIT

On sait que Montesquieu a fait de la vertu politique la base du gouvernement républicain et il a dit que cette vertu est un renoncement à soi-même, qui est toujours une chose très pénible.

« On peut définir la vertu politique l'amour des lois et de la patrie. Cet amour demandant une préférence continuelle de l'intérêt public au sien propre donne toutes les vertus particulières ; elles ne sont que cette préférence. »

« Chaque gouvernement a son principe particulier qu'il faut distinguer de sa nature propre ; la nature du gouvernement républicain, c'est-à-dire ce qui le constitue est la souveraineté du peuple : son principe, c'est-à-dire ce qui le fait agir est la vertu politique qui n'est autre chose que le renoncement à soi-même, le dévouement à la chose publique. »

Certes la théorie de Montesquieu est admise et glorifiée par les républicains, mais ils se gardent bien de la pratiquer, car ils n'en auraient ni honneurs ni profits, et c'est ce qu'ils poursuivent en trompant le peuple par leurs déclamations et cette fameuse devise qui est inscrite sur nos monuments publics et si tristement commentée par nos révolutions !

Celui qui écrit ces lignes n'a jamais cru un seul instant que les républicains *ou les soi-disant tels* donneraient à la France un bon gouvernement, car ils se sont toujours montrés aussi éloignés des vertus républicaines que la terre est éloignée du ciel. La plupart ont absolument les passions opposées aux qualités dont ils se targuent et ils rappellent par leur hauteur et leur mollesse, la comédie de Crispin rival de son maître. Ils sont les pires aristocrates.

N'est-il pas trop certain que dans notre pays l'opinion républicaine dérive rarement de l'élévation des idées et de la noblesse des sentiments ? Elle naît ordinairement de la médiocrité des conditions ou d'une ambition mal à l'aise hors de la turbulence et de l'ignorance populaires, qui facilitent des succès autrement impossibles. Depuis 89 combien d'hommes se sont dits républicains uniquement pour sortir de leur obscurité ou poussés par quelque convoitise ! Combien n'en a-t-on pas vus sous le premier et le second empire s'acharner aux honneurs et lutter de bassesse !

Faux libéraux et faux égalitaires, utopistes, despotes et charlatans, ils ne savent que détruire et si on les laisse faire, ils mangeront la France.

Proudhon a toujours poursuivi les politiciens démocrates de ses sarcasmes les plus amers, il n'a pas cessé de les dénoncer aux masses comme des intrigants, des jouisseurs ne cherchant dans les prétendues revendications dont ils tenaient à être les organes, que le moyen d'arriver à s'assurer les honneurs et les bénéfices du pouvoir. Voici ce qu'il écrivait en 1839 :

« On s'est remis à chanter la *Marseillaise*, la population est en défiance, la Chambre sans vigueur, les partis plus aveuglés et plus égoïstes que jamais : les journaux ne discutent pas, ils s'injurient. La conduite du parti républicain a été, comme toujours, stupide ; et, si une réaction formidable ne vient pas à bout de l'écraser, le salut de la France et la liberté me semblent compromis. Les démocrates n'ont pour eux que *leurs* frénésies démagogiques et leurs grands mots, le tout accompagné de la soif du pouvoir, de l'or et des jouissances. »

Même jugement d'Armond Carrel exprimé quelques années auparavant au comte d'Alton-Shée, pair de France radical : « Les républicains ? des fous, des brouillons, des envieux, des impuissants ! »

Rien n'est plus curieux que d'autres jugements portés sur les républicains par Béranger, Eugène Sue, Lamartine, Victor Considérant, Alphonse Karr, etc ; tous ont cinglé ces exploiteurs impudents des masses ignorantes et crédules lorsqu'ils ont vu que la république n'était qu'un marchepied pour les ambitieux et une duperie pour les imbéciles.

Proudhon a dit aussi : « Despote pour despote, en mon âme et conscience, j'aimerais mieux encore ces bons vieux rois, qui représentaient aux yeux du pays des siècles d'honneur, de grandeur et de patriotisme, que ces farceurs qui se moquent autant du peuple que du pays et flattent l'un pour accaparer l'autre. »

Il se rencontrait avec Voltaire, lequel avait dit : Servir pour servir, j'aime encore mieux servir un lion qui, après tout, est de bonne maison, que trois cents rats de mon espèce, et qui ne valent pas mieux que moi.

Est-ce que Voltaire n'est pas réclamé par les républicains comme un apôtre de la démocratie?

Certes nous pouvons dire avec assurance que la lumière est faite sur les républicains et que les plus naïfs sont enfin convaincus qu'ils n'ont d'autre but que l'exploitation du pays et son asservissement à leurs passions furieuses.

Ils savent à leurs dépens ce que c'est qu'un régime odieux, pourri, bêtement oppresseur, athée avec délices, favorable à tous les genres de démoralisation patentée, estampillée, publique, depuis l'obscénité jusqu'au sacrilège, depuis le blasphême du sénateur jusqu'à l'insulte du voyou ; régime qui unit dans un même sentiment d'horreur et de dégoût tous ceux qui n'ont pas perdu le sens moral et n'y sont pas rivés par l'intérêt, l'envie et l'ambition ; il n'a plus de partisans, il n'a que des complices.

Nous sommes bien loin de la république que voulait M. Thiers, c'est-à-dire de *son* *principat* où ses tendances personnelles pouvaient s'accuser plus encore que sous la monarchie : cette étrange république, qui était au moins une demi dictature, avait l'assentiment de la majorité qui depuis est tombée dans le radicalisme et dans une véritable anarchie où les républicains se poussent, se querellent, se haïssent et se couvrent de boue jusqu'au jour où cela « finira dans le sang » puisque cela ne peut finir « dans l'imbécilité. »

. Pauvre M. Thiers ! Est-il assez puni par où il a péché ? assez démodé, suranné, distancé, enveloppé dans ce second linceuil tissé d'indifférence, de rancune et d'oubli ? Certes il avait le sentiment du pouvoir dans la masse des idées révolutionnaires, mais ce sentiment était subordonné au désir ou au plaisir de l'exercer.

Produit équivoque d'une révolution bourgeoise, il ne comprit pas que s'il s'amusait à chicaner en détail la

monarchie de juillet, cette bourgeoisie myope s'aban-
donnerait un beau matin aux griffes de la démocratie
triomphante. C'est pourquoi il se vit infliger, le 24
février, la plus cruelle mystification qui ait jamais hu-
milié un homme d'Etat. Réhahilité auprès de l'élite
des frondeurs et des boudeurs par son opposition à
l'Empire, il refusa de prévoir qu'il ne suffit pas de
dénoncer les fautes et de prophétiser les désastres, si
l'on borne ses regrets au chagrin de n'être plus
ministre et ses espérances à l'espoir d'être président.
Ramené au premier plan par d'effroyables calamités,
seul debout sur des décombres, salué bénévolement du
titre de libérateur du territoire, soutenu par une majorité monarchique qu'il laissa s'émietter pour le plaisir
de la trahir, arbitre des destinées du pays, averti par
ce sauvage épisode de la Commune que la République
du 4 septembre contenait en germe et devait ressussiter
tôt ou tard, il manqua la plus admirable occasion qui
se soit offerte à un bon citoyen, à un politique illustre,
pour conquérir un nom immortel en réparant les malheurs passés, en conjurant les maux à venir. Ahuri par
les flatteries de ceux qui avaient besoin de lui, grisé
par l'encens démocratique, qui pourtant ne sent pas bon,
il sacrifia la gloire de rendre la France au droit, à
l'honneur, à la vérité, à la justice, et aux honnêtes
gens, et lui préféra le triste privilège d'être le chaperon
de M. Gambetta, le préparateur des drogues révolutionnaires, le précurseur de nos maîtres actuels, le
signataire des passeports de la République jacobine.
C'est pourquoi s'il avait vécu trois ou quatre ans de
plus, il aurait pu évaluer ce que lui coûtait son sacri-
fice, ce que lui rapportaient ses préférences. Déclassé
par ceux dont il trompa les espérances, rebuté par ceux

qui le traitaient d'importun du moment qu'il ne leur serait plus nécessaire, accablé d'outrages par ceux qu'il avait bannis et que ses légataires ont rappelés, il n'aurait plus qu'à se pétrifier en statue pour ne rien voir et ne rien entendre. La statue existe ; le vide et le silence se sont faits autour de ce piédestal que le radicalisme et l'intransigeance finiront par changer en pilori. De temps à autre un amnistié vient y cracher une injure, en attendant qu'une seconde commune la brise et en jette les morceaux aux goujons de la Seine.

Après ce légitime hommage rendu à M. Thiers, nous allons remonter au 4 septembre, voir la suite des choses et retracer les horreurs et les infamies qu'on appelle le progrès républicain.

I.

Il y a douze ans, au lendemain d'une terrible secousse, on nous a dit : « Prêtez-vous à une expérience : faites l'essai loyal de la République ! Sans doute cette forme de gouvernement n'est ni dans le génie, ni dans les traditions, ni dans les mœurs de notre pays ; sans doute à d'autres époques elle n'a produit que des résultats sanglants et laissé que de sinistres souvenirs. Mais les temps ne sont plus les mêmes, l'intelligence publique s'est élevée, elle a compris les leçons du passé et elle ne recommencerait plus les fautes d'autrefois. Mettez-la franchement à l'épreuve : consentez à faire une fois de plus l'essai loyal de la République ! »

Voilà ce qu'on nous disait, avec toutes les formes captieuses de l'éloquence et toutes les insinuations de l'habileté. Nous l'avons cru, ou plutôt nous avons cédé sans le croire, car personne ne s'illusionnait sur l'issue de la tentative, pas même ceux qui la proposaient. Mais il était pénible, en face des malheurs de la patrie, de se faire accuser de parti-pris intraitable et de mauvaise volonté. On se résigna donc à la nouvelle expérience, avec la persuasion que, du moins, elle apporterait un argument décisif au rétablissement du seul régime qui ait jamais assuré à la France la stabilité et la grandeur.

Eh bien, depuis douze ans l'avons-nous assez pratiqué le fameux : « Essai loyal ! » Nous sommes-nous assez prêtés avec la docilité la plus exemplaire à toutes les variétés comme à toutes les fantaisies de l'expérience ? Et l'heure ne semble-t-elle pas enfin venue d'en constater les résultats ? Récapitulons brièvement : nous avons essayé la République avec M. Thiers, avec le Maréchal de Mac-Mahon, avec M. Grévy ; — avec les conservateurs et avec les républicains, avec le centre droit et avec le centre gauche, avec les modérés et avec les avancés, avec M. Dufaure et M. Jules Simon, avec M. Léon Say et M. Jules Ferry, avec M. de Freycinet et M. Gambetta *lui-même*. Nous l'avons essayée sous toutes les formes et de toutes les couleurs : conservatrice, aimable, athénienne, autoritaire, persécutrice, jacobine, communarde : toujours elle a donné les mêmes résultats, comme ces arbres vénéneux sur lesquels on a beau greffer les meilleures espèces et dont les fruits demeurent constamment empoisonnés.

Quelle épreuve nouvelle veut-on nous faire subir encore ? Du moment que les grands ministères ont échoué à l'égal des petits et que les hommes d'Etat opérant eux-mêmes se sont montrés aussi impuissants que leurs commis, l'expérience n'est-elle pas suffisamment concluante et de nouveaux insuccès en démontreraient-ils mieux l'inanité funeste ?

On comprend la persistance des tentatives quand le doute est permis ou quand la foi dans le résultat final survit à la multiplicité des échecs, mais ce n'est pas ici le cas. La foi n'a jamais existé et chaque étape successive n'a fait que confirmer tristement les prévisions négatives du point de départ.

Après le général Farre et le duc de Frigolet, après Margue et Constans, après Cazot et Paul Bert, que peut-on essayer encore ? N'est-ce pas assez et faudra-t-il prolonger l'épreuve, en descendant toujours, jusqu'à ce que la France y périsse, comme ces chiens, sur lesquels s'exerce, en dépit des hurlements et des convulsions, l'impitoyable scalpel des charlatans de la science ?

Au début du régime on pouvait accuser les conservateurs, qui seuls pourtant le faisaient vivre, d'en entraver l'essor, mais depuis près de cinq ans le prétexte a disparu. Partout les républicains sont exclusivement les maîtres, ils tiennent le pouvoir exécutif et les deux Chambres ; ils occupent toutes les fonctions publiques ; ils règnent, gouvernent et administrent sans partage, et après avoir épuisé tous leurs groupes, toutes leurs nuances, tous leurs hommes, ils se trouvent réduits à venir confesser eux-mêmes leur incapacité et leur impuissance !

Ce n'est pas nous qui la proclamons, ce sont leurs propres organes, leurs témoins autorisés, qui le font avec une force de vérité dont nous n'aurions jamais osé prendre l'accent.

Ecoutez le *Siècle* avouant que « le pays est dans le malaise et l'inquiétude », que personne ne s'y sent « assuré du lendemain » et s'écrient avec désolation devant le gâchis universel : Comment, au milieu de tout cela, avoir une politique extérieure, comment préparer des alliances et conclure des traités, comment s'outiller pour la paix ou pour la guerre?

Ecoutez la *République française*, accusant d'abêtissement et de nullité tout le monde, — le cabinet, la chambre, l'administration. — « La France, dit avec un accent amer et découragé le journal de M. Gambetta, la France souffre d'une atonie politique et gouvernementale.... Une force d'inertie incalculable paralyse le zèle et le bon vouloir. Les chefs ne savent plus commander, les subordonnés ne savent plus obéir. Dans le mécanisme de l'administration, les rouages semblent ne plus s'engrener, tous les mouvements sont lents et irréguliers....»

Et le moniteur opportuniste ajoute cet aveu caractéristique : « La France marche tout doucement vers un état qui ressemble beaucoup à ce que Proudhon nommait l'*an-archie*. Nous ne pouvons prendre aisément notre parti de cet affaiblissement de la vie nationale...»

Enfin, le plus intime confident de l'ancien dictateur, M. Ranc, reconnaît à son tour que nous sommes à bout, que la chambre actuelle « n'a plus un ministère à commettre, » et que si, par malheur, on renversait les gouvernants, d'ailleurs incapables, dont nous avons le bonheur de jouir, « il nous serait impossible de les remplacer ! »

De sorte que MM. de Freycinet, Léon Say et Jules Ferry sont le dernier effort de la nature, ou du moins le dernier mot du régime et que les coreligionnaires politiques, après avoir bien établi leur conduite et leur impuissance, tout comme la bêtise et la stérilité de la Chambre, nous disent avec résignation qu'il faut absolument les garder, parce qu'il n'y a plus rien, rien, à mettre à leur place !

Voilà la situation dans sa nudité lamentable et dévoilée par ceux-là mêmes qui auraient le plus d'intérêt à la cacher. Mais la vérité force leurs lèvres et ils se font involontairement les prophètes de leur humiliation et de leur détresse. Ceux du Cabinet, accusent la Chambre et ceux de la Chambre le Cabinet ; la gauche incrimine les Centres qui renvoient le reproche aux radicaux ; tous se jettent la pierre et le pire est que tous ont également raison.

Oui, l'abaissement et la stérilité sont partout ! Oui, le parti républicain a désorganisé toutes les forces sociales, blessé toutes les croyances, atteint tous les intérêts, compromis toute la fortune et tout l'avenir de la France ! Oui, les hommes et le système sont profondément, irrémédiablement déconsidérés ! — Mais si, de l'aveu même de ceux qui la représentent et qui ont qualité pour parler en son nom, la République est le plus nul, le plus dissolvant et le plus dispendieux des gouvernements, qu'attend-on pour clôturer l'expérience qui nous a été demandée et pour mettre un terme à « l'essai » dont nous mourons ?

Faudra-t-il pousser l'épreuve jusqu'au dernier soupir et ne s'arrêtera-t-on que le jour où il ne restera plus ni un débris d'institution, ni un lambeau d'armée, ni une ombre de magistrature, ni quoi que ce soit de ce qui a fait si longtemps la vitalité de notre pays ?

Non, cela ne sera pas : la République s'en va à toutes guides, elle craque de tous les côtés ; mais que de mal elle a fait et que de temps il a fallu pour la rendre odieuse à la majorité ! Rappelons maintenant ses ruines et ses iniquités et sachons bien qu'elle ne cessera d'en faire jusqu'au jour de sa chute, car la République en France, c'est la destruction ; c'est son principe, c'est comme sa raison d'être, et lorsqu'elle n'a plus rien à détruire, elle s'épuise dans la discorde et les déchirements, c'est dans son propre sein qu'elle cherche ses victimes !

II

Depuis le départ du Maréchal de Mac-Mahon, les hommes du pouvoir ont poursuivi avec acharnement le plan tracé d'avance par M. Gambetta dans son discours de Romans. C'est la destruction de la religion, progressive et méthodique.

Ce n'est pas l'emportement d'un jour, c'est un système de gouvernement. Nous avons vu, après l'amnistie, l'opportunisme adopter les théories de la Commune et les mettre en pratique. Cette commune légale n'a pas fusillé les prêtres, mais elle a sacrifié le clergé et les catholiques. Lorsqu'on assassinait les otages, du moins ces crimes n'atteignaient en rien la religion, mais 1881 a vu la destruction même de l'édifice social, l'abominable entreprise de la *déchristianisation* de la France.

Voici l'ensemble des lois qui ont été votées, il constitue tout un code anti-religieux :

La suppression des aumôniers militaires ;

La suppression des lettres d'obédience ;

La suppression de la collation des grades ;

L'abrogation des articles de la loi de 1850 en ce qui concerne la surveillance des écoles confiées aux ministres du culte ;

La réforme du conseil qui aboutit à la refonte des programmes d'enseignement;

Le clergé expulsé des administrations de bienfaisance en même temps que du conseil supérieur et des conseils académiques ;

La loi sur les conseils de fabrique ;

L'abrogation de la loi de 1814 sur le repos du dimanche ;

La loi Rameau relative à la promiscuité des cimetières ;

La loi sur les pompes funèbres, destinée à faciliter les enterrements civils ;

Le droit d'outrage à la religion, reconnu par la loi sur la presse ;

La suppression des chapitres de S' Denis et de S'° Geneviève ;

Les congrégations dissoutes, leurs couvents assiégés, leurs portes brisées, leurs serrures crochetées, les religieux chassés de leur domicile, traînés dans la rue où l'émeute éclate et où le sang coule ;

L'achèvement de cette sinistre proscription par le vote de mesures fiscales destinées à ruiner toutes les congrégations d'hommes et de femmes qui se consacrent au soulagement des misères humaines ;

L'instruction laïque imposée aux familles sous peine de prison ;

Les collèges libres fermés, la loi de 1850 violée par les conseils académiques ;

Les sœurs chassées des hôpitaux ;

Les frères chassés des écoles ;

Déchristianiser la France et asservir les catholiques, voilà le but que se propose la République !

Ce n'est pas seulement au point de vue religieux que la République nous donne un spectacle repoussant, elle est établie sans contestation avec toutes les vilenies, toutes les bassesses, toutes les petites tyrannies d'un régime parvenu ; au mépris des services rendus, on a chassé, déplacé, ruiné les fonctionnaires qui n'étaient par républicains ; après des centaines de révocations dans la magistrature, on prépare une réforme qui fait surgir les projets les plus absurdes et les plus ridicules ; il n'y a plus de diplomatie ; l'armée est entamée ; la minorité non républicaine vit en suspecte dans son pays, au milieu du flot montant des haines et des cupidités populaires.

Cette république là, d'où on a éliminé tout élément conservateur, toute tendance modérée, toute tolérance pour les minorités, est bien celle que voulait la Commune.

Et au milieu de toutes ces turpitudes, on se demande où est le gouvernement ? Le mal vient de partout, et *l'exécutif* est dominé par la peur et il cède à toutes les influences.

Est-il à l'Elysée, dans ce palais de l'effacement et du laisser-faire, où la même plume insouciante et machinale signe impassiblement les décrets les plus contradictoires ?

Est-il chez le président du Conseil, au milieu des faiblesses, des incohérences, des équivoques et des capitulations ?

Est-il à la Chambre, dans cette Babel législative où les jalousies, les appétits, les rancunes divisent la plus médiocre des assemblées et paralysent toute action ?

Est-il au Sénat, dans l'énervement et la platitude d'une majorité allant jusqu'à la répudiation honteuse des idées supérieures de Dieu et de Patrie dans l'éducation nationale ?

Est-il dans les ministères, où l'intervention capricieuse

et intéressée du premier apothicaire venu change les mesures et dicte les décisions ?

Est-il à la Préfecture de la Seine où l'on courbe l'échine devant le conseil municipal ?

Est-il enfin dans ce Conseil lui-même, attendant le mot d'ordre des clubs, des sociétés secrètes et des amnistiés en délire ?

Non, le gouvernement n'est dans aucun de ces foyers où, à d'autres époques, on l'a vu tour à tour. Il n'est pas chez M. Grévy, qui, comme le papier, souffre tout, pourvu qu'il compte en paix ses petites économies. Il *n'est pas* au coin du quai.... d'Orsay, chez le louche président du Conseil. Il n'est ni au Luxembourg, ni au Palais-Bourbon, ni à la place Beauvau, ni à l'Hôtel-de-Ville, ni à la Préfecture de police, ni même à Ville-d'Avray chez M. Gambetta.

Encore une fois on ne l'aperçoit nulle part et la France apparaît, aux yeux de l'observateur, comme un de ces bâtiments désemparés, sans boussole et sans gouvernail, qui errent tristement au gré des flots.

Entrons dans le vif des choses pour constater de plus près l'absence totale de tout principe et de toute action de gouvernement.

Un philosophe a dit : « On n'existe qu'à la condition d'avoir une conscience et une volonté. »

Laissons la conscience, sur laquelle il y aurait trop à dire, pour rechercher les résolutions et les volontés. Où sont-elles ? où est le système, le programme, la ligne de conduite ? On a beau regarder, on ne voit qu'indécision, désarroi, faux-fuyants et impuissance.

On ne saurait même dire de ce cabinet, comme d'un des fantômes ministériels de ces dernières années : « Il ne sait pas ce qu'il veut, mais il le veut fermement. »

Lui, ne veut rien et n'est ferme en rien, pas plus dans la pensée que dans l'exécution. Il ignore même ce qu'il doit vouloir, et du soir au matin il se déjuge et se dément avec une facilité qui dénote l'absence, non seulement de tout principe, mais encore de tout courage. Il vit d'expédients, de compromis, de défaillances en croyant proportionner aux concessions ses chances de durée ; sans réfléchir que les faiblesses n'ont jamais sauvé personne et que les abdications scandaleuses ne sont qu'une forme de l'illusion dévoilée par le poète il y a deux mille ans :

Propter vitam vivendi perdere causas !

Faut-il en citer des exemples ? Ils abondent dans la courte histoire de ce cabinet.

Il a concédé l'élection des maires dans tous les cantons, toutes les villes, tous les chefs-lieux, en sacrifiant ainsi les garanties nécessaires de l'Etat et les intérêts permanents des administrés aux entraînements populaires et aux passions d'un jour.

Il a concédé la grave modification à la loi municipale qui supprime le concours des plus imposés et livre le budget de nos 36,000 communes aux fantaisies de ceux qui n'en supportent pas les charges.

Il a concédé la réduction du service militaire à trois ans devant la mise en demeure de capitaines déclassés et de bas adulateurs du suffrage universel, en demeurant convaincu, avec tous les généraux sérieux et tous les hommes d'expérience, que le service de cinq ans est indispensable à la constitution d'une armée solide et animée d'un véritable esprit militaire.

Il a cédé sur la question de réforme judiciaire, en consentant à bouleverser une organisation consacrée par près d'un siècle et en abandonnant aux trois quarts le principe de l'inamovibilité dont tous ses membres se montraient naguère partisans résolus.

Il a cédé sur l'enseignement athée, dont la monstruosité doit révolter ses aspirations intimes. Il a cédé sur le scandaleux Manuel du coupeur de chiens, qu'il n'a pas osé désavouer à la tribune. Il a cédé dans l'affaire du Concordat comme dans celle du serment judiciaire. Partout et toujours il cède devant une sommation radicale ou le simple désir de quelques révolutionnaires. Il suffit que le vœu parte de gauche et d'en bas pour qu'il soit aussitôt accueilli !

Et au milieu de ces faiblesses, de ces désertions, de ces lâchetés, que de contradictions scandaleuses, que d'humiliants désaveux infligés à eux-mêmes, à leurs propres antécédents, à leurs déclarations de la veille, par les principaux membres du cabinet !

Ecoutez le garde des sceaux, M. Humbert, interrogé sur le refus de serment de quelques jurés obscurs, et disant à la tribune du Sénat :

« Qu'est-ce que le serment? C'est l'affirmation solennelle d'un fait en prenant à témoin la divinité. C'est une formule qui n'est pas nouvelle, elle est séculaire. Elle fut admise dans le code civil en 1804, dans le code de procédure civile en 1807. Je crois que c'est une institution *utile* quand elle répond à la foi de l'immense majorité. *Personnellement, je ne suis pas du parti des non-jureurs, et vous me croirez* QUAND J'AFFIRME L'UTILITÉ DE CETTE FORMULE. »

Quinze jours plus tard, le même ministre, aplati devant une demi-douzaine de poseurs beaux-esprits, saisissait la chambre d'un projet de loi qui abolit la formule séculaire, en nous faisant pressentir le décrochement prochain du crucifix dans les salles d'audience, car que ferait là plus longtemps, sur la muraille, l'image du Dieu que l'on renie et dont on proscrit le nom ?

Et le général Billot, que pense-t-il de la réduction du service à trois années qu'il vient de soumettre aux chambres ? Son exposé des motifs paraît le désaveu des dispositions de la loi, et c'est à croire, en le lisant, qu'il n'a pu se défendre de protester indirectement contre l'œuvre de destruction que lui-même propose d'accomplir.

« Il est certain, dit-il, que l'instruction et l'éducation militaire trouvent de grands avantages au séjour *prolongé* des soldats sous les drapeaux et que la *solidité* des armées ne peut que gagner *à la longue durée* du service. »

Et plus loin, en parlant de la réduction à trois années : « cette réforme n'est pas accueillie sans hésitation par *les meilleurs esprits et des généraux illustres* redoutent les secousses que peuvent entraîner à leur suite des transitions trop brusques, et préoccupés à juste titre du bon recrutement des cadres inférieurs, *inclinent vers le maintien du statu quo.*

Est-ce clair, et cette façon inusitée de recommander une loi n'équivaut-elle pas, pour qui sait comprendre, à sa vraie condamnation ?

Le général Farre lui-même, l'organisateur légendaire de l'expédition de Tunisie, était hostile au service de trois ans et il l'avait résolument combattue dans les commissions parlementaires.

Comment peut-on le proposer aujourd'hui, en se montrant convaincu de ses conséquences funestes ? — Ah ! c'est que M. Gambetta en a préparé un semblable

2

pour flatter les bas instincts du suffrage universel et qu'en ne rivalisant pas de popularité avec lui dans ce domaine, on courrait le risque d'être distancé plus tard sur le turf électoral. Qu'importent les vraies conditions d'une armée puissante et d'une saine justice, d'une administration forte et d'une éducation morale, l'essentiel est de garder le pouvoir, de sauver les portefeuilles et les profits.

Voilà tout le secret de cette course fiévreuse où nos ministres luttent de vitesse avec leurs devanciers pour saisir la Chambre de projets mal étudiés et souvent contraires à leurs propres tendances.

Est-ce là du gouvernement? Et quel est le vrai ministère, de celui qui, quoique tombé, se croit toujours debout, ou de celui qui, possédant le titre officiel, pense et n'agit que d'après les mouvements de l'autre dont il a peur ?

Situation singulière et parallélisme qui serait comique si le fond des choses ne recélait d'aussi graves sujets d'inquiétude !

Ce n'est pas seulement entre les morts et les vivants que ce dualisme éclate, il divise les éléments les plus essentiels du gouvernement lui-même, et tandis que M. de Freycinet et M. Léon Say laissent voir leur dissentiment sur la politique financière, l'Elysée intervient de son côté pour contre-carrer les plans et les vues du ministre du Trésor, car les déclarations optimistes de M. Wilson ne sont pas autre chose que la contradiction absolue des théories pessimistes de M. Léon Say. M. Grévy fait donc blâmer son ministre par son gendre et après avoir approuvé le système budgétaire de l'un, il a l'air d'encourager l'autre à le démolir.

Encore une fois, est-ce du gouvernement, et comment le public peut-il s'y reconnaître ?

Quant au louvoyant M. de Freycinet, il atteint l'idéal du genre par la souplesse de ses procédés et le décousu d'une politique qui se donne à elle-même les plus cruels démentis. Il favorise en Tunisie les couvents dont il ferme la porte en France, et il subventionne nos établissements religieux d'Orient, en faisant traîner chez nous par les pieds et la tête en bas, pour les jeter dans la boue du chemin, les pauvres moines qui assainissent nos marais ou qui sont l'honneur de la science française ! Quelle est l'inspiration dirigeante, la pensée supérieure de cette politique en partie double, qui ne peut tolérer sur notre sol les travaux pacifiques d'un trappiste ou d'un bénédictin et qui laisse à des milliers de communards toute licence de fêter un anniversaire criminel, d'y glorifier des scélératesses et d'y menacer ouvertement Paris d'un nouvel incendie ? Entre les brutalités de Solesmes et les complaisances de Belleville, où est le gouvernement ?

Où est-il devant les publications obscènes et ordurières qui souillent nos établissements publics ?

Où était-il quand, pour faire outrage à un culte reconnu par l'Etat, on promenait impunément sur les boulevards une caricature ignoble du Christ en croix ?

Où était-il quand la demande d'abolition du Corcordat se présentait à la Chambre et quand il n'avait qu'un seul mot à dire, ainsi que l'a prouvé surabondamment le vote ultérieur des bureaux, pour empêcher la prise en considération d'un projet détestable et couper court à une agitation malsaine ?

Principiis obsta, dit la sagesse des nations, mais c'est une sagesse trop exigeante pour les hommes d'Etat de la République, ils trouvent plus commode de ne s'opposer à rien et de laisser couler le torrent, sans s'inquiéter des ravages qu'il pourra **produire**.

M. de Freycinet ne savait même pas, lui ministre des affaires extérieures, quel parti définitif nous prendrions en Tunisie, car, interrogé là-dessus par le duc de Broglie, il a répondu vaguement qu'on verrait, qu'on étudierait le problème et que le cabinet s'en expliquerait plus tard !
— Et alors le gouvernement avait déjà dépensé quatre-vingts millions, il venait d'en demander neuf autres et il continuait d'envoyer là-bas des troupes et de l'argent sans but fixé d'avance, au hasard, à l'aventure !

Ah ! politiciens de décadence, vous appelez cela gouverner ! Mais gouverner, c'est prévoir. Qu'avez-vous prévu ? — Gouverner, c'est diriger. Que conduisez-vous ? — Gouverner, c'est résister. A quoi résistez-vous ? — Gouverner, c'est agir. Que faites vous ?

On cherche votre pensée, votre volonté, votre main dans les grands problèmes qui nous agitent et on ne trouve rien que votre indécision, vos faiblesses et votre impuissance. Quand ça et là, vous êtes forcés d'intervenir, vous le faites contre vos idées et vos préférences, en livrant successivement, avec la plus étonnante résignation, l'armée, la magistrature, l'administration, le clergé, l'enseignement public, la liberté civile, la liberté religieuse, toutes les forces sociales, toutes les institutions, tous les droits. — Après avoir laissé ainsi tout abattre, derrière quel rempart avez-vous l'illusion de vous abriter pour défendre le peu qui reste et repousser le dernier assaut ?

Non, vous n'êtes pas un gouvernement. Vous n'en êtes que l'ombre trompeuse, que le voile perfide, derrière lequel se consomment lentement toutes les destructions.

Le vrai gouvernement républicain est dans les conciliabules de l'extrême-gauche, qui vous font peur ; il est dans les clubs de la démagogie, dont vous suivez docilement les mots d'ordre ; il est dans les « repaires » devant lesquels vous tremblez et dont vous transformez avec empressement les requêtes en projets de loi !

Mais ce n'est pas là un gouvernement ; ce n'est pas là le régime parlementaire ni un régime avouable et régulier, c'est de la révolution pure, qui s'appelait hier la Commune, qui s'appellera demain le Comité de Salut public, et qui, sous tous les noms, ne sera jamais que la honte et la ruine du pays !

De même qu'à la fin de la Ligue les Parisiens, se rendant à Henri IV, étaient affamés de voir un roi, de même aujourd'hui, après douze ans de stériles secousses, la France est affamée de revoir un gouvernement digne de ce nom. Mais le parti républicain s'est montré incapable de le lui donner. Elle l'attend d'ailleurs, elle baisera avec enthousiasme la main vaillante et patriotique qui lui en donnera le bienfait !

III

Les amis et les flatteurs du pouvoir parlent sans cesse de la prospérité républicaine, ils n'ont à la bouche que millions et milliards et s'en vont partout célébrant les dépenses qu'ils imposent au pays, les charges dont ils grèvent les contribuables. On dirait à les entendre que depuis que les républicains sont nos maîtres, chacun a vu ses revenus doubler, que toute la politique financière consiste à jeter sans compter l'argent par les fenêtres et que plus nos gouvernants dépensent, plus le pays doit s'estimer heureux.

Toutes ces niaiseries ont trouvé des gobeurs, car les républicains ont tellement abêti le pays qu'ils peuvent se permettre tous les mensonges et toutes les impudences !

mais non, disons seulement *qu'ils ont pu se les permettre*, car aujourd'hui sur les finances comme sur le reste, la lumière se fait pour les plus bornés, *l'évidence éclate* et le ministre lui-même et le rapporteur du budget ont donné à la Chambre un avertissement nécessaire.

En effet, depuis quelques années les dépenses ont été augmentées dans de si fortes proportions, qu'il se manifeste des embarras graves. On évalue les dépenses de 1883 à l'énorme somme de 3 milliards 44 millions ; comparées à celles de 1869, elles les excèdent de 1 milliard 396 millions, En déduisant d'abord les dépenses consacrées d'abord à l'armement national, puis aux travaux publics dont M. de Freycinet a tracé le plan gigantesque, et en outre au service de la dette qui est de 500 millions, il reste encore une augmentation de 600 millions, uniquement due aux dépenses nouvelles, aux nouvelles dotations de chaque ministère. Et à quel chiffre M. Ribot estime-t-il cette augmentation pour les trois dernières années ? A celui de 240 millions. C'est de 240 millions qu'en trois ans le gouvernement de M. Grévy a accru la dette de la France.

Or, la République n'a pas pu, depuis 1880, appliquer à un seul dégrèvement les plus-values des impôts, suivant la promesse de tant de candidats devenus députés, mais le gouvernement reconnaît impossible d'établir aujourd'hui le budget de 1883 sans employer des expédients. Les recettes ne suffisent plus. Comment donc équilibrer le budget ordinaire de 1883 ? En faisant un prélèvement sur les excédants de 1881. C'est le premier expédient. Comment équilibrer ensuite le budget extraordinaire de 1883 ? D'une part. en attribuant à ce budget certains crédits qu'on n'a pas utilisés dans les exercices antérieurs, et, d'autre part, en procédant, par un acte exceptionnel, au recouvrement de certaines avances dues par les Compagnies des chemins de fer. C'est le deuxième expédient. Enfin comment diminuer la charge immense de cette dette flottante qui, en 1883, s'élèvera au chiffre de 2 milliards 300 millions, chiffre qui n'avait jamais été atteint? La République se voit actuellement impuissante à consolider cette dette au moyen d'un emprunt, elle a trop emprunté déjà. « On a épuisé le marché financier, les dernières rentes émises ne sont pas encore classées, il est impossible de faire avant longtemps un appel au crédit. »

Dans cette nécessité, M. Léon Say, quelque industrieux que soit son génie financier, ne trouve encore qu'un expédient pour atténuer le poids trop lourd de la dette flottante : c'est d'offrir des rentes amortissables aux principaux créanciers pour une somme de 1,200 millions. Tel est le troisième expédient.

Ainsi, pendant que la République a déjà la certitude d'un déficit pour le budget de 1882, rongé par tant de crédits supplémentaires, elle a également la certitude d'un déficit pour le budget de 1883 si elle ne se résigne pas à ces trois expédients. C'est un état piteux pour un gouvernement qui se vantait d'être, par ses vertus naturelles, le plus capable d'épargner les deniers publics ; c'est une déception cruelle pour tout ce peuple d'électeurs confiants, de contribuables bonasses à qui nos démocrates juraient d'administrer la fortune publique avec une si scrupuleuse sollicitude et même avec une économie lacédémonienne.

On avait méprisé les sages conseils et les avis sagaces de MM. Buffet, Bocher, Caillaux, Chesnelong, il faut maintenant entendre ces vérités de la bouche de MM. Léon Say et Ribot, deux astres républicains !

Nous ne voulons pas mentionner tous les chapitres du budget qui ont été augmentés, en voici seulement quelques-uns : tout le monde sait que M. Jules Ferry réclame encore 600 millions pour l'exécution de sa loi scolaire du 28 mars ; au budget de 1871, le dernier voté sous l'Empire, la dépense des prisons était portée à 20 millions, elle était de 25 au budget de 1882 : la sûreté publique, les traitements des commissaires de police, la subvention accordée par l'Etat pour la police de Paris et de Lyon demandaient alors 8 millions 978,000 fr., ces services en réclament aujourd'hui 13,317,000. A la même époque l'Etat contribuait pour 1,961,000 fr. à l'entretien de la garde municipale de Paris, aujourd'hui on inscrit de ce chef un crédit de 3,176,00 fr. En vérité, nos gouvernants coûtent cher à garder et l'on est en droit de se demander si c'est contre leurs ennemis ou contre leurs amis qu'ils prennent tant de précautions.

Nos ministres, qui s'étaient fait offrir lors de l'Exposition de 1878 un supplément de traitement de 1,200,000 fr. sont assez généreux pour ne pas oublier les plaisirs du peuple. La fête du 15 août était autrefois inscrite au budget pour 200,000 fr., celle du 14 juillet en a coûté 500,000 C'est la France qui a payé, sans compter les 350,000 fr. que les contribuables parisiens ont dû y ajouter pour la grande joie du conseil municipal.

Un chapitre qui a pris des proportions fantastiques, c'est celui des traitements. Au budget de 1871 les traitements de tous les fonctionnaires civils de l'Etat représentaient une somme de 253,328,000 francs ; en 1882, c'est 341,320,000 fr. qu'ils ont coûté. Soit 77,992,000 en plus, tout près de 78 millions !

Nos affaires en sont-elles mieux gérées, nos intérêts

mieux administrés ? Obtient-on, quand on a à traiter avec les représentants du pouvoir, des solutions plus promptes et plus faciles ? Se trouve-t-il quelqu'un qui pense qu'on nous en donne pour nos 78 millions !

Ah ! c'est que, dans notre République, tant de gens veulent être entretenus, dotés, rentés par l'Etat ; c'est qu'on a dû donner des places à tous les vainqueurs du 4 septembre et du 14 octobre, à tous les vaincus du 16 et du 24 mai. Et, comme si ce n'était pas suffisant, on a créé 6,000,000 de rentes viagères pour les victimes du 2 décembre. Nos gouvernants traînaient à leur suite une meute d'affamés auxquels il fallait des places et de l'argent. Qu'on eût pour protecteur un député ou un sénateur, pour soutien quelque homme influent, et aussitôt la carrière des fonctions publiques s'ouvrait devant celui qui avait su se concilier de puissantes amitiés, sans que personne songeat à s'enquérir de son aptitude ou de sa capacité ! Bien plus, on jetait sur le pavé, si l'emploi était à sa convenance, des fonctionnaires éprouvés et expérimentés, qui depuis vingt et vingt-cinq ans servaient le pays et n'avaient pas démérité !

Jamais *sous les tyrans* on n'a vu le népotisme et le favoritisme pratiqués aussi effrontément que sous ce régime de fausse égalité où la délation est une vertu et la platitude le plus sûr moyen d'arriver aux emplois. Oh ! comme les républicains nous ont régénérés !!!

Avant de finir cet aperçu sur nos finances, nous allons répondre à une audacieuse ineptie que les républicains ont répété depuis quatre ans dans tous les journaux ; il s'agit des excédants de recettes.

Oui, on a constaté tous les ans des excédants de recettes. Dans la période qui s'étend de 1876 à 1880, ils se sont élevés à 427 millions. Or pendant la même période, le gouvernement a emprunté 1895 millions. Si nous déduisons de ces 1895 millions les 427 millions d'excédants des recettes, nous aurons la somme des dépenses auxquelles le gouvernement n'aurait pu faire face s'il n'avait eu devant lui cette ressource illimitée de l'emprunt, la somme de l'excédant des dépenses sur les recettes, en un mot le chiffre des déficits des budgets. En retirant 427 de 1895, il reste 1468. Cet excédant de recettes de 427 millions se traduit donc en définitive par un déficit de 1468 millions qu'il a fallu imposer à l'avenir pour assurer l'équilibre des dépenses du passé.

En 1878, nous avons cité dans une brochure un extrait du *Times* sur les manipulations financières de nos députés, voici comment ce journal s'exprimait : « Les déficits s'accumulent, on jongle avec les milliards ; on laisse de côté, comme de pures vieilleries, les maximes d'économie d'après lesquelles il faut proportionner la dépense au revenu ; trente-trois commissaires du budget parmi lesquels il se trouve beaucoup d'avocats, peut-être pas un seul financier, encore moins un seul membre de l'opposition, *mènent la France à ce carnaval financier* que Proud'hon annonçait à ses compatriotes. Cet état de choses n'a rien de rassurant et les splendeurs de Paris ne suffisent pas à voiler ce que l'avenir a de redoutable pour la belle France, »

Cet « avenir » était inévitable, aujourd'hui il est réalisé.

IV

Nous venons de dire quels ont été les résultats politiques et financiers de notre république; il y en a encore d'autres qu'il convient d'examiner, il y a les résultats moraux ou purement sociaux qui ont une importance plus grande que les premiers, car ils ont plus fortement entamé la nation et ils laisseront des traces qui ne disparaîtront pas avec la forme du gouvernement.

Dès 1871 nous écrivions les lignes suivantes qui étaient déjà pleines de vérité, mais, hélas! comme elles sont dépassées !

« Lorsqu'on envisage l'état social de la France, on reste navré des ravages de nos révolutions ! Autrefois l'idée de patrie et celle de royauté étaient inséparables, la France reconnaissait unanimement la même dynastie et l'attachement qu'elle portait à ses rois se confondait avec celui qu'on nomme patriotisme. Depuis la chute de l'ancienne monarchie, nous avons eu vingt révolutions, trois dynasties et autant de républiques ; il en est résulté des préférences sincères et d'autres calculées pour chacun de ces gouvernements, mais les unes et les autres sont fatales au pays. Depuis quatre-vingts ans les partis n'ont jamais désarmé et chacun, au pouvoir, a eu à lutter contre les autres isolés ou unis par les mêmes tendances, celles du renversement, sauf à s'attaquer entre eux après la victoire.

Cet état de choses s'est toujours aggravé : les passions et les intérêts, constamment excités, ont détruit l'esprit national, ils ont tué le patriotisme. On n'aime plus son pays, on aime son parti comme levier d'ambition ou de cupidité, mais en réalité on n'aime plus que soi-même ! Le plus bas égoïsme est actuellement la plaie vive et honteuse de la reine du monde ! *Gallia regina* : c'est ainsi que l'appelaient autrefois nos vainqueurs d'aujourd'hui.

Les malheurs de la guerre sont immenses, mais je les trouve petits lorsque je considère la dégradation morale où nous sommes tombés ! L'extrême division dans les idées a produit l'aigreur et l'irritation dans les sentiments ; l'envie a séparé les personnes bien plus que ne l'ont fait les castes ; il y a environ quarante millions d'hommes qui reconnaissent ou subissent le même chef et obéissent aux mêmes lois, mais ces hommes réunis ne sont plus une nation, c'est un état tout-à-fait anti-social, car une société implique l'accord sur un grand nombre de sujets, des idées et des croyances communes et un but commun. »

Niera-t-on aujourd'hui les progrès du mal que nous signalions, ne s'est-il pas étendu partout comme un fléau ? Et comme on voit clairement la fausseté de ce cliché ridicule : « La République est le gouvernement qui nous divise le moins » lorsque les divisions sont devenues *féroces*, surtout parmi les républicains, ce qui justifie une fois de plus le mot de M. Thiers, tel qu'il a été dit, et non tel que l'ont tronqué et refait à leur convenance ceux qui depuis quatre ans nous gouvernent par le mensonge et le charlatanisme !

Voici ce qu'a dit M. Thiers en 1848 : « La République est le gouvernement qui nous divise le moins, *nous autres qui ne l'aimons pas, et qui divise le plus les républicains* qui l'aiment. »

C'est le même M. Thiers qui, après 1830, sous la monarchie qu'il avait contribué à fonder, a écrit que « la République n'est pas faite pour les Etats grands, vieux, civilisés » et qui s'est écrié à la tribune : « La France a horreur de cette forme de gouvernement qui ne peut que tourner au sang et à l'imbécilité. »

C'est encore lui qui, le 8 juillet 1871, à Bordeaux, disait : « La République n'a jamais réussi dans les mains des républicains », et il ajoutait : « Je ne suis pas changé et voici quel républicain je suis : J'ai pensé toute ma vie au gouvernement que mon pays pouvait souhaiter, et si j'avais eu le pouvoir qu'aucun mortel n'a jamais eu, je lui aurais donné ce que, dans la mesure de mes forces, j'ai travaillé quarante ans à lui assurer sans pouvoir y réussir : *la monarchie constitutionnelle.* »

Est-ce que la preuve n'est pas faite pour les plus têtus, pour les plus obtus, pour les plus aveugles ?

Une revue anglaise, le *Blackwood Magazine*, a publié un article fort intéressant sur notre décadence, en n'envisageant la question qu'au point de vue social; or il n'est pas douteux que les étrangers nous connaissent mieux que nous nous connaissons et qu'ils voient mieux ce qui se passe dans notre pays ; cela est toujours vrai, pour nous et pour les autres ; un étranger observateur et éclairé voit mieux et juge mieux parce qu'il n'a ni nos passions ni nos intérêts, il est comme le spectateur qui regarde la scène.

Dans l'extrait qui va suivre il ne s'agit que de la société, mais l'état d'une société n'est que la conséquence de l'état politique, de l'ordre ou du désordre social qui en dérive, nous pouvons donc sans aucun scrupule donner l'opinion d'un anglais, car elle est basée sur des faits qui prouvent la réalité de la décadence sur ce point comme sur tous les autres.

« Une lourde atmosphère *d'ennui* s'est étendue sur la France depuis l'établissement de la République. Le ciel, jadis si pur, si éclatant, si rayonnant, si lumineux, est voilé par les brumes de la fatigue, par les brouillards menaçants de la méfiance et par les nuages d'un orage imminent. La composition de l'air semble avoir été altérée ; ceux qui le respirent disent que la gaieté s'est changée en lourdeur ; en un mot, sa fraîcheur vivifiante s'en va. Le climat social a subi une modification ; ses anciennes particularités disparaissent pour être remplacées par de nouvelles conditions d'existence. Ces transformations n'ont pas été vagues ou indéfinies ; elles ne se sont pas limitées à des apparences générales, à des symptômes accidentels ou à des signes passagers ; elles se sont, au contraire, produites sous la forme la plus distincte, avec une précision irréfutable et avec une persistance qui, malheureusement, ne laissent aucun doute sur leur réalité. C'est une vérité incontestable que, durant les dernières années, la société française a perdu une bonne partie de sa gaîté et de sa vivacité, de sa pétulance et de sa façon naturelle d'être. Le penchant pour l'amusement s'affaiblit d'une manière manifeste. Les Français qui dans le temps étaient les ennemis acharnés de toute tristesse, semblent vouloir s'y résigner tacitement, comme nous autres Anglais. On dirait presque que c'est un élément naturel de l'existence en France. Et surtout — si incroyable que cela paraisse — ils commencent à perdre leur esprit. Ils passaient généralement pour le peuple le plus intelligent de la terre, — ils débordaient de vitalité et de pétulance, — et maintenant ils sont souvent sombres et silencieux. Et comme ils causent moins, qu'ils rient moins, ils semblent aussi avoir moins de sentiment ; l'impression rapide, l'émotion communicative, qui étaient si essentielles chez eux, semblent avoir reçu une atteinte grave. Et tout cela est particulièrement vrai pour les femmes, ce sont elles qui ont le plus perdu dans ce déclin national, parce que c'étaient elles qui avaient le plus à perdre. Elles qui dans le temps étaient si sûres d'elles-mêmes, si vives, si enthousiastes, si optimistes et même si utopistes ; elles pour qui la vie était une scène sur laquelle elles étaient les artistes applaudies ; elles qui n'avaient aucun doute au sujet de leur talent ou de leur savoir-faire, elles ont l'air, aujourd'hui, d'être devenues timides, méfiantes, soupçonneuses et à moitié paralysées par l'abattement. Leur attitude, en général, a quelque chose de l'énervement de l'accusé sur sa sellette. Cette comparaison n'est pas exagérée, car elles savent toutes très bien que la République passe jugement sur elles et que probablement elles seront condamnées. Le résultat de tout cela est que les relations sociales se restreignent, car lorsque quelqu'un a la corde au cou, il ne pense guère à s'amuser ni à amuser les autres. Les fêtes de toutes sortes sont rares, beaucoup de maisons bien connues ont fermé leurs portes et ne reçoivent plus, et dans celles où il y a encore des visiteurs, il passe comme une espèce de frisson.

En considérant la situation au point de vue général on peut dire, en vérité, qu'il n'y a plus de société en France, dans l'ancienne acception du mot, et que même dans le sens restreint de dîners et de bals, il y a une débâcle générale. La République a été un conjoint stérile pour la France, elle n'a pas engendré de femmes pas plus qu'elle n'a produit des hommes. Ces choses-là sont aussi connues sur les *boulevards* que les cafés et les réverbères. Elles sont aussi manifestes que le jour et la nuit et elles ressemblent furieusement à la nuit comme tristesse et obscurité. Elles constituent un groupe de faits à ajouter aux dépositions des témoins, et ces faits et ces témoignages réunis tendent à prouver et prouvent que la société française est dans sa période de décadence. »

Est-ce que ce jugement est injuste ou seulement sévère ? Nullement. Il est au contraire d'une rigoureuse exactitude. Et comment la Société française serait-elle restée ce qu'elle était au milieu du marasme où nous sommes tombés ? Si l'écrivain anglais avait jeté un coup d'œil sur les classes populaires des grandes villes, il n'aurait pas constaté l'ennui ni la desagrégation des classes supérieures et moyennes : là on s'amuse et les mêmes passions, les mêmes intérêts ont cimenté l'union qui fait la force ; mais la République y a excité toutes les convoitises et comme elle ne peut les satisfaire, le peuple n'y a gagné que de la grossièreté, de la rage et de l'orgueil bouffon. Du haut en bas de l'échelle sociale les républicains n'ont jamais donné que des déceptions, on n'a absolument rien fait pour le peuple et rongé par l'envie, il attend et il prépare le déchaînement qui lui donnera quelques jours d'orgie et après la misère !

Cet aperçu est grave, il indique l'affaissement des esprits et l'abaissement des caractères, ceci ne l'est pas moins.

Le gouvernement s'est décidé à réprimer les « écarts de la liberté ! » Il a *remarqué* que la République a produit dans les mœurs une pestilence particulière et que pour y remédier, il faut en arriver à des mesures de répression, attentatoires à cette fameuse liberté dont on nous rabat les oreilles et qui en tout produit des effets détestables parce qu'elle ne sait rester dans des limites raisonnables.

Du temps de l'empire, les républicains prétendaient gravement que l'esprit public, détourné des grands intérêts de la politique, roulait vers la frivolité et de là vers l'indécence ; ce qu'on a dépensé d'encre sur cette idée est incroyable. Aujourd'hui il n'y a plus d'empire et l'on peut parler politique tout son soûl ; cela n'a pas empêché qu'il a fallu sortir des dictionnaires le mot peu usité de *pornographie*, toute la lie de l'âme humaine a été mise en mouvement par la licence républicaine.

Quand des aventuriers politiques rongent la France jusqu'aux moelles, se vautrant dans le budget, se gavant de fonctions et d'honneurs, les pornographes n'éprouvent aucun embarras à opérer plus modestement et à prendre aussi leurs avantages dans la souillure publique !

Quand on peut attaquer les dieux, les croyances de vingt siècles, les principes sociaux, tout en un mot sauf le Président de la République, personne ne s'avise de mesurer ses paroles et c'est pourquoi la France officielle et républicaine a dû avouer des plaies honteuses que n'avait pas connues le régime des « dix-huit ans de corruption ».

V

Tel est l'état des choses dans notre belle France ! Nous allons terminer ce travail par quelques citations absolument topiques où nos lecteurs trouveront une conclusion et une espérance dont la réalisation est certaine et peut être prochaine.

Voici une prophétie qui est en même temps un aveu fort piquant dans la bouche de M. Thiers qui nous en a déjà fournis plusieurs.

Ouvrez l'*Histoire du Consulat et de l'Empire*, tome 5ᵉ, livre XIX, page 55 (période d'avril 1804), et entre autres réflexions fort judicieuses sur la forme républicaine, vous lirez ceci :

« En tout pays déchiré par les factions, menacé par des ennemis extérieurs, le besoin d'être gouverné amènera tôt ou tard le triomphe d'un personnage puissant, guerrier comme César à Rome, riche comme les Médicis à Florence,

« Si ce pays a toujours vécu en monarchie, que la folie des factions l'ait, pour un instant, arraché à son état naturel pour en faire une république éphémère, il faudra quelques années de trouble pour inspirer l'horreur de l'anarchie, moins d'années encore pour trouver le soldat capable d'y mettre un terme, ramener ainsi le pays à ses habitudes et dissiper le songe de ceux qui avaient cru changer la nature humaine par de vains décrets ».

Tant que l'expérience n'aura pas refuté cette page, il paraît contraire aux vraisemblances de croire au républicanisme sincère de celui qui l'a écrite, à une heure où il ne prévoyait pas que le grand premier rôle pourrait lui échoir.

« Les Etats en ruine présentent d'ordinaire cette dernière phase, que les condamnés sont réhabilités, les prisonniers élargis, les déportés rappelés de l'exil, les arrêts de la justice cassés, les juges menacés. Témoin de ces faits, il n'est personne qui ne présage la chute d'une République où ils se produisent, personne qui conserve encore pour elle le moinde espoir de salut. » *(Cicéron. Discours contre Verrès).*

« Ce fut un assez beau spectacle dans le siècle passé, dit Montesquieu, de voir les efforts impuissants des Anglais pour établir parmi eux la démocratie. Comme ceux qui avaient part aux affaires n'avaient point de vertu, que leur ambition était irritée par le succès, de celui qui avait le plus osé, que l'esprit d'une faction n'était réprimé que par l'esprit d'une autre, le gouvernement changeait sans cesse ; le peuple étonné cherchait la démocratie et ne la trouvait nulle part. Enfin après bien des mouvements, des chocs et des secousses, il fallut se reposer dans le gouvernement même qu'on avait proscrit. » *(Esprit des Lois. Liv. III, Ch. III.)*

Les lignes suivantes sont extraites de la péroraison du discours d'adieu du général Washington à ses concitoyens :

« La religion et la morale sont les bases indispensables de toutes les dispositions et de toutes les habitudes qui conduisent à la prospérité publique. Celui qui chercherait à renverser ces grandes colonnes du bonheur humain, ces étais les plus solides de la destinée des hommes et des citoyens, réclamerait en vain le titre de patriote. Un volume ne suffirait pas pour énumérer tous les rapports qu'elles ont avec le bonheur public et privé. Et n'admettons qu'avec précaution que la morale peut exister sans la religion. La raison et l'expérience nous défendent d'espérer qu'il puisse y avoir une moralité nationale si l'on en exclut le principe religieux ».

Et en effet, nous n'avons pas de « moralité nationale » dans notre République, c'est pour cela qu'elle périra *nécessairement* après avoir été la risée du monde et en nous laissant un immense dégoût !

Voici, sous le titre de « *Cri d'Alarme* » le jugement que vient de porter le *National*, journal républicain :

« Le chaos dans lequel se débat la France républicaine, à l'intérieur et à l'extérieur, ne peut pas se prolonger plus longtemps.

« Il y a quelque chose de pourri dans notre pays de France.

« Une lente décomposition mine notre état politique qui s'affaisse morceau par morceau. Tout le monde le comprend et tout le monde le dit.

« La représentation nationale, produit incohérent de toutes les ambitions, de toutes les vanités, de tous les appétits, de toutes les passions d'une démocratie sans boussole, ne sait plus ni ce qu'elle veut ni ce qu'elle fait. Les partis se sont confondus, puis séparés, échangeant inconsciemment, dans cet avant-deux, leurs programmes sans s'en apercevoir. Les intransigeants sont devenus gouvernementaux, les gouvernementaux ont endossé l'habit des intransigeants.

« L'administration, exposée à des changements quotidiens de direction, s'immobilise et s'anémie, comprenant qu'elle est à la merci des administrés qui tiennent les députés, maîtres à leur tour de l'existence des ministres. La France est devenue une abbaye de Thélème à l'usage de tous les malfaisants. « Fais ce que voudras, et après nous la fin du monde... »

Et il n'y a pas encore cinq ans que les républicains sont maîtres de la France !

En 1793, le parti républicain fut atroce et insensé, mais il eut des côtés héroïques ; en 1848, il fut extravagant, mais il eut quelques généreux élans ; de nos jours, il est carrément abject, ignoble, avili et avilissant, hideux dans toute l'acception du mot.

Epinal, V. Collot, imp.

9 782012 483552